Mon Petit Monde

Les Dinosaures

Christopher Maynard

NATHAN

Première édition : Kingfisher, une marque de Larousse plc

Pour l'édition française :

ISBN : 2-09-243003-3
N° d'éditeur : 100 74 733

Traduction : Brigitte Veindogre
Mise en page : Atelier Nicole Valentin
Couverture : Chantal Fredet
Conseiller : Bernard Battail

Conforme à la loi n° 49-956 du 16 juillet 1949
sur les publications destinées à la jeunesse.

Imprimé en Italie

Sommaire

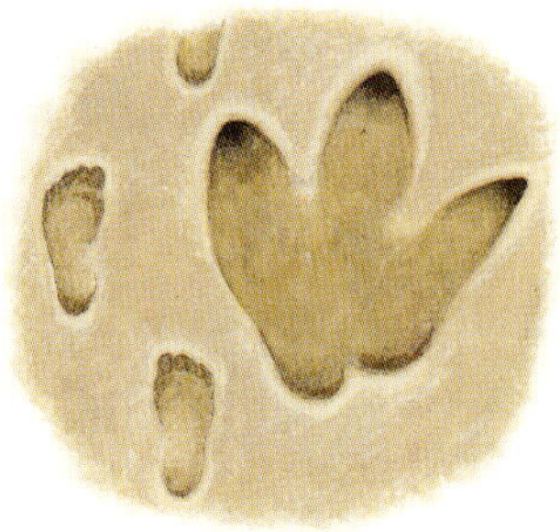

Bébés dinosaures

Cette maman dinosaure Maiasaura monte la garde auprès de ses œufs depuis plusieurs semaines. Maintenant, les bébés brisent leur coquille et s'extirpent un à un de l'énorme nid. Quelques-uns s'arrêtent pour grignoter la couverture de plantes en décomposition qui les a maintenus au chaud. D'autres se penchent au bord du nid et lancent un regard neuf sur ce monde d'il y a 75 millions d'années.

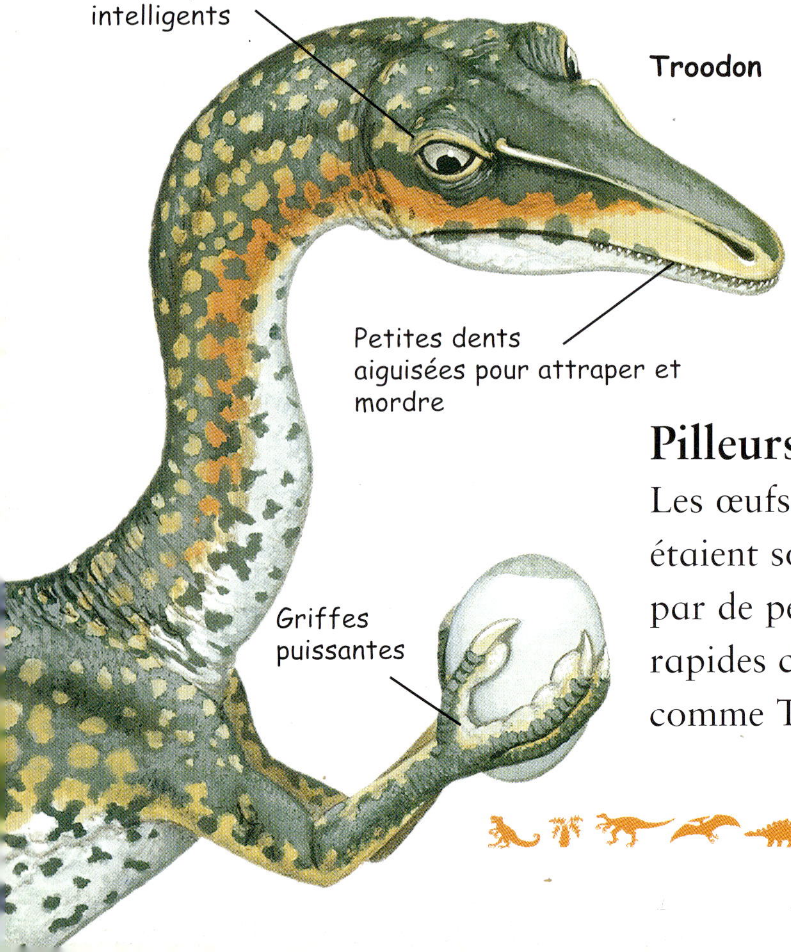

Pilleurs de nids

Les œufs non surveillés étaient souvent dérobés par de petits dinosaures rapides chassant en bande, comme Troodon.

Élever les petits

Les œufs de dinosaures

Les dinosaures étaient des reptiles et tous pondaient des œufs, comme les reptiles actuels. Certains œufs étaient ronds, mais la plupart étaient longs et renflés. Les plus gros avaient la taille d'une courge.

Œuf de poule
8 cm

Œuf de Maiasaura
12 cm de long

Œuf de Protoceratops
20 cm de long

Œuf d'Hypselosaurus
30 cm de long

1 La plupart des dinosaures pondaient leurs œufs dans des nids. Quelques-uns, comme Maiasaura, construisaient leurs nids ensemble, en groupe ou en colonie. Ils revenaient chaque année à la même place pour pondre.

2 Tout d'abord, la maman Maiasaura creusait un profond trou à peu près de la taille d'une pataugeoire.

3 Elle déposait ensuite jusqu'à vingt œufs dans le nid. Chacun mesurait 12 cm de long et avait une coquille lisse et résistante. Les œufs roulaient au fond du nid et la mère les recouvrait d'une épaisse couche de plantes pour les tenir au chaud.

4 Jour après jour, la mère montait la garde auprès de son nid, les plantes en décomposition assurant le maintien de la chaleur.

5 La mère restait toujours en alerte pour faire fuir les pilleurs de nids.

7 La croissance d'un jeune Maiasaura était rapide, sa taille ayant doublé dès son premier anniversaire. Il devait être assez fort pour suivre le troupeau s'il voulait survivre.

6 Après plusieurs semaines, les œufs bougeaient et se fissuraient, les premiers bébés apparaissaient et pouvaient, en quelques minutes, marcher et chercher leur nourriture.

8 Les jeunes dinosaures restaient toute leur vie au sein du troupeau, dont la cohésion était la meilleure protection contre les attaques des dinosaures carnivores.

La vie en troupeau

Un grand troupeau pouvait compter plus d'une centaine d'animaux, leur nombre variant en fonction de l'abondance de la nourriture. La plupart des dinosaures vivant en troupeau étaient de paisibles herbivores. Certains devaient toujours rester aux aguets, prêts à donner l'alerte en cas de danger. Ce troupeau de dinosaures à bec de canard se déplace ici à travers une épaisse jungle d'arbres, d'arbustes et de fougères. Ces milliers de dents en action ne laisseront subsister que les troncs et les tiges.

Migration
Certains dinosaures, tel Apatosaurus au long cou, parcouraient des kilomètres pour trouver de nouveaux « pâturages ».

Les dinosaures à bec de canard

Certains dinosaures, nommés hadrosaures, avaient un long museau plat, comme un bec de canard ; la plupart avaient sur la tête des bosses, des cornes ou des crêtes, généralement plus importantes chez le mâle que chez la femelle. Ils s'en servaient pour produire des sons, avertissant le reste du troupeau.

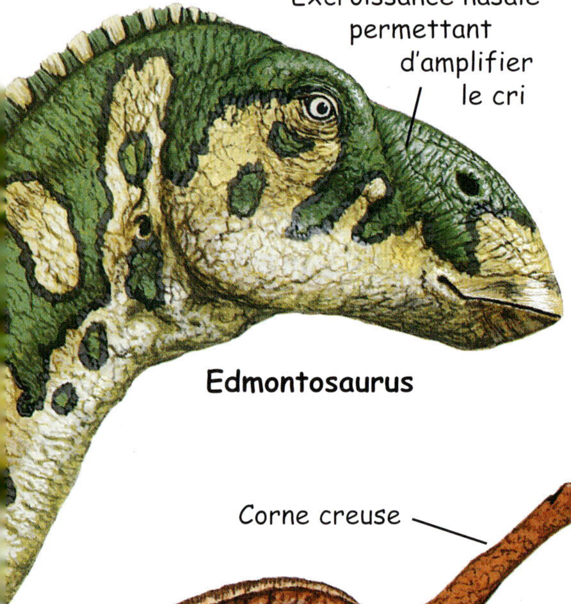

Edmontosaurus

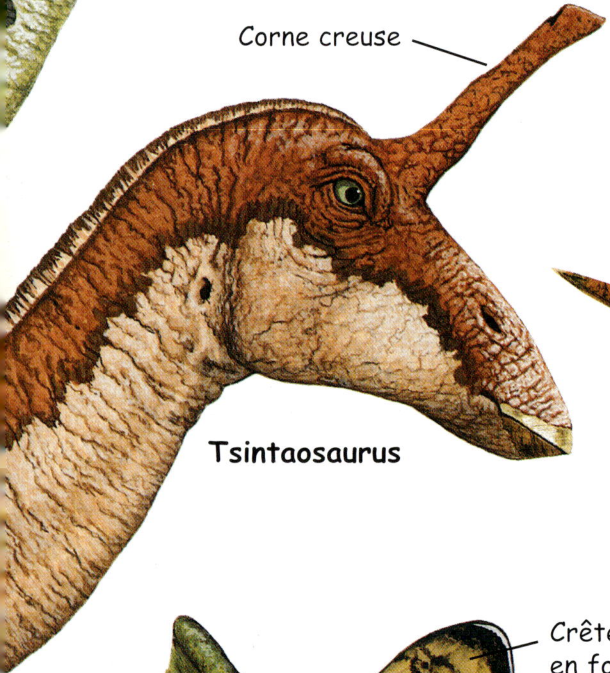

Tsintaosaurus

Lambeosaurus

Protection des petits

Lorsqu'un troupeau de dinosaures tels que ces Iguanodons se déplaçait, les petits marchaient au milieu, protégés par leurs parents.

Pachycephalosaurus

Cercle stratégique

En cas d'attaque, un troupeau de Triceratops se repliait sans doute en cercle, les petits au centre et les grands mâles pointant leurs cornes vers l'extérieur.

Tour de garde

Le soir, les dinosaures s'installaient pour dormir. Dans un grand troupeau, certains restaient peut-être éveillés et mobiles pour monter la garde.

Combat singulier

Dans certains grands troupeaux, les mâles se battaient pour une femelle ou pour prendre la tête du troupeau, comme le font les cerfs de nos jours.

Le Pachycephalosaurus avait un crâne épais en forme de dôme pour protéger son cerveau durant les affrontements violents, qui se poursuivaient jusqu'à la fuite du plus faible.

Un gentil herbivore

Une tête gigantesque se balance, et les grands arbres autour oscillent comme des brins d'herbe. De ses dents en forme de pieux, l'animal arrache une brassée de brindilles et de feuilles juteuses qu'il avale sans mâcher, le long d'un cou aussi long qu'un poteau télégraphique.

C'est un Barosaurus, herbivore géant faisant partie des dinosaures à long cou appelés sauropodes. Barosaurus était aussi grand qu'un immeuble de cinq étages et devait manger toute la journée pour nourrir son immense corps. Mais c'est à son gigantisme qu'il devait son salut, peu de prédateurs osant se mesurer à lui.

Pierres gastriques
Certains grands dinosaures avalaient des pierres en mangeant. Celles-ci aidaient les muscles de l'estomac à broyer feuilles et brindilles, les réduisant en une bouillie végétale visqueuse, plus facile à digérer.

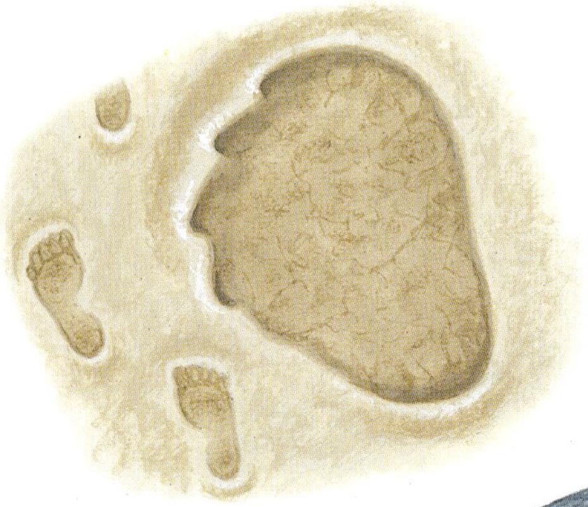

Les sauropodes

Les dinosaures à long cou furent les plus gros animaux terrestres. Un éléphant semble minuscule à côté d'eux. Pour te rendre compte de la taille d'un diplodocus, enroule un fil autour de ce livre, pose le livre sur le sol et compte 130 pas (chacun de la longueur de ton pied), tout en déroulant le fil. Maintenant retourne-toi : peux-tu héberger un dinosaure chez toi ?

Grand pied

L'empreinte de pas d'un sauropode mesurait environ un mètre, soit cinq fois plus que la nôtre. Il marchait à la même vitesse que nous.

Régime végétarien

Les dinosaures ont vécu sur terre près de 160 millions d'années. Durant tout ce temps, le climat s'est modifié, les plantes ont changé et les dinosaures ont évolué.

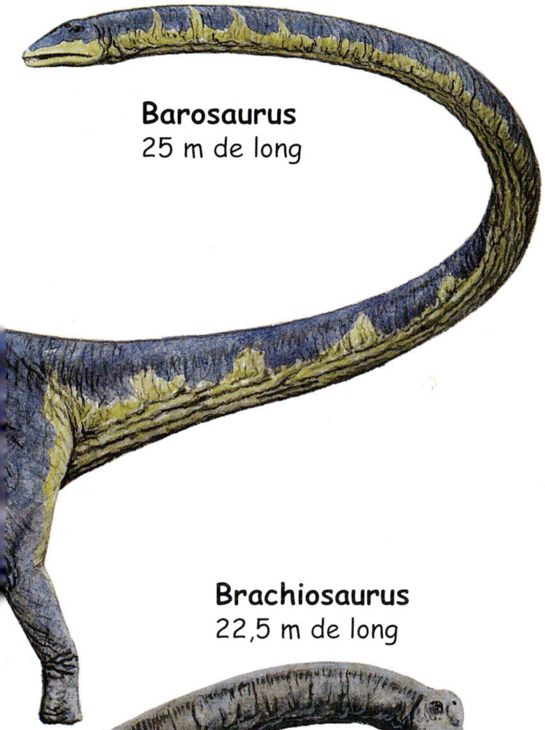

Barosaurus
25 m de long

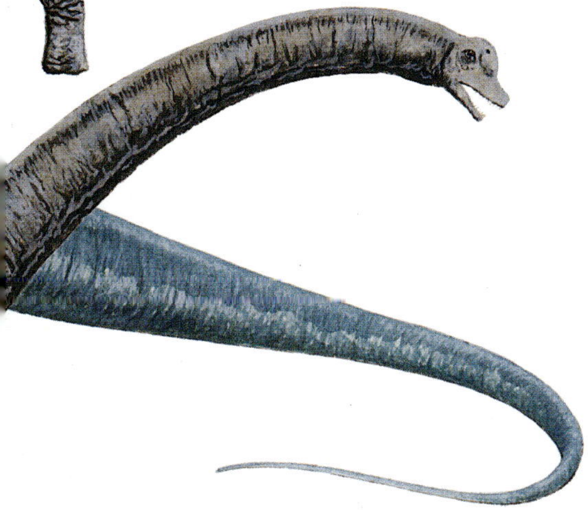

Brachiosaurus
22,5 m de long

Éléphant
4 m de long

Les sauropodes se nourrissaient d'aiguilles de pin, de pousses tendres et de feuilles.

Les hadrosaures mangeaient des pommes de pin et des feuilles caoutchouteuses d'arbustes.

Les dinosaures à cornes pouvaient brouter les fougères et les prêles coriaces.

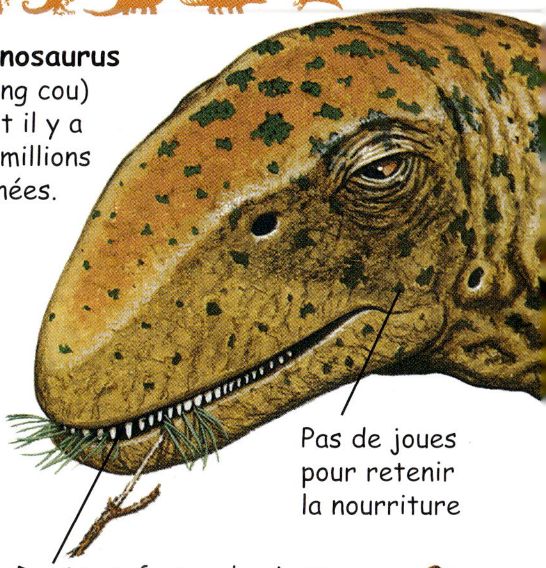

Shunosaurus
(à long cou)
vivait il y a
175 millions
d'années.

Pas de joues pour retenir la nourriture

Dents en forme de pieux pour mastiquer

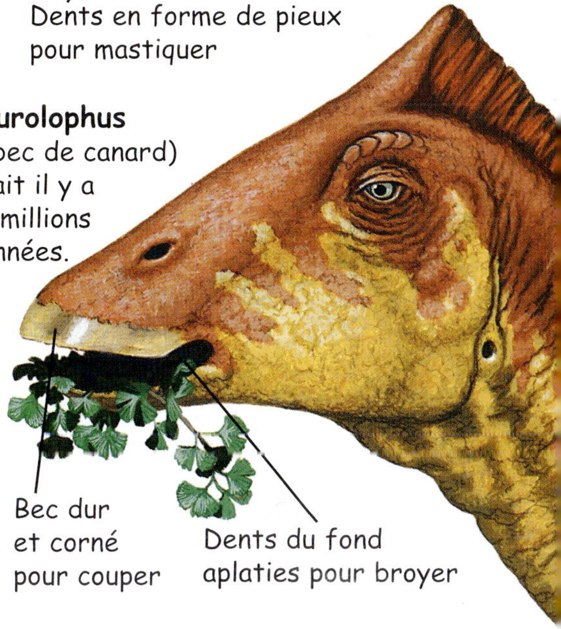

Saurolophus
(à bec de canard)
vivait il y a
80 millions
d'années.

Bec dur et corné pour couper

Dents du fond aplaties pour broyer

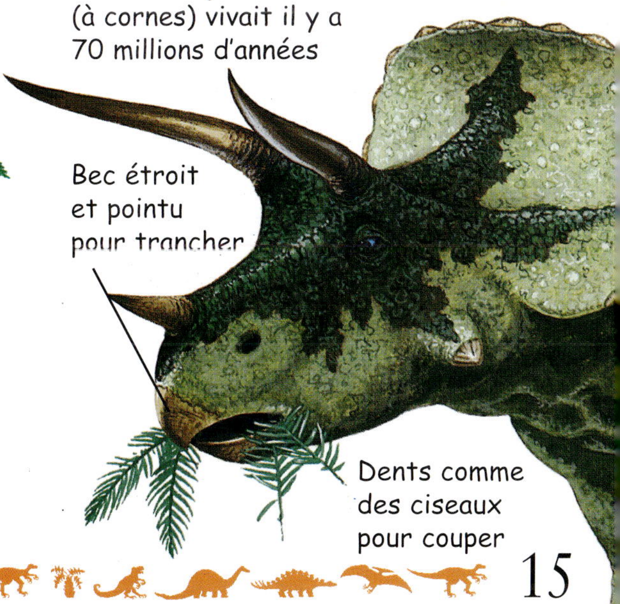

Triceratops
(à cornes) vivait il y a
70 millions d'années

Bec étroit et pointu pour trancher

Dents comme des ciseaux pour couper

Un féroce carnivore

Tapi dans l'ombre d'une forêt de séquoias, le géant Tyrannosaurus hume l'air et émet un grognement, sentant la proximité de la nourriture. Il aperçoit alors une maman Edmontosaurus et ses deux petits se reposant dans une clairière.

Le grand prédateur se rapproche sans bruit. Quand il n'est plus qu'à 100 mètres, il surgit à travers les arbres tel un bolide vrombissant. Avant que ses victimes aient pu esquisser un mouvement, il est sur elles ; ses énormes mâchoires se referment sur l'un des jeunes dinosaures, le tuant sauvagement.

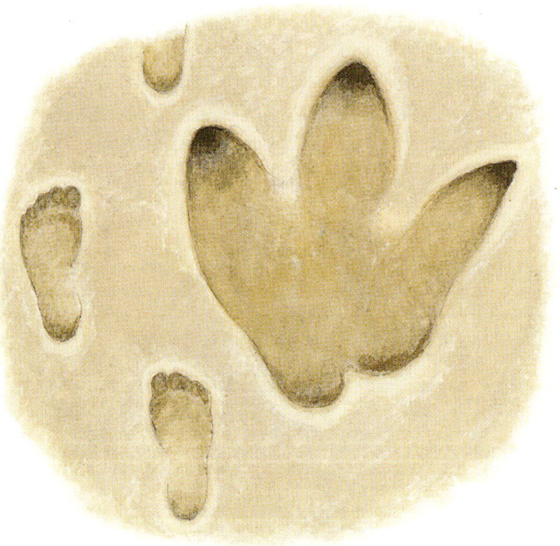

Un tyran véloce

Voici l'empreinte du pied de Tyrannosaurus. Il compte trois orteils munis d'un énorme talon et mesure cinquante centimètres, soit le double d'un pied humain.

Tyrannosaurus pouvait courir aussi vite qu'un cheval.

Sourire carnassier

Un Tyrannosaurus rex adulte avait une cinquantaine de dents aiguisées comme des rasoirs. Chacune, aussi grande qu'une banane, avait une pointe acérée pour poignarder ses victimes, et des bords tranchants pour déchirer la peau et la chair.

Tyrannosaurus rex

La tête de Tyrannosaurus mesurait un mètre, soit une taille suffisante pour t'avaler tout entier.

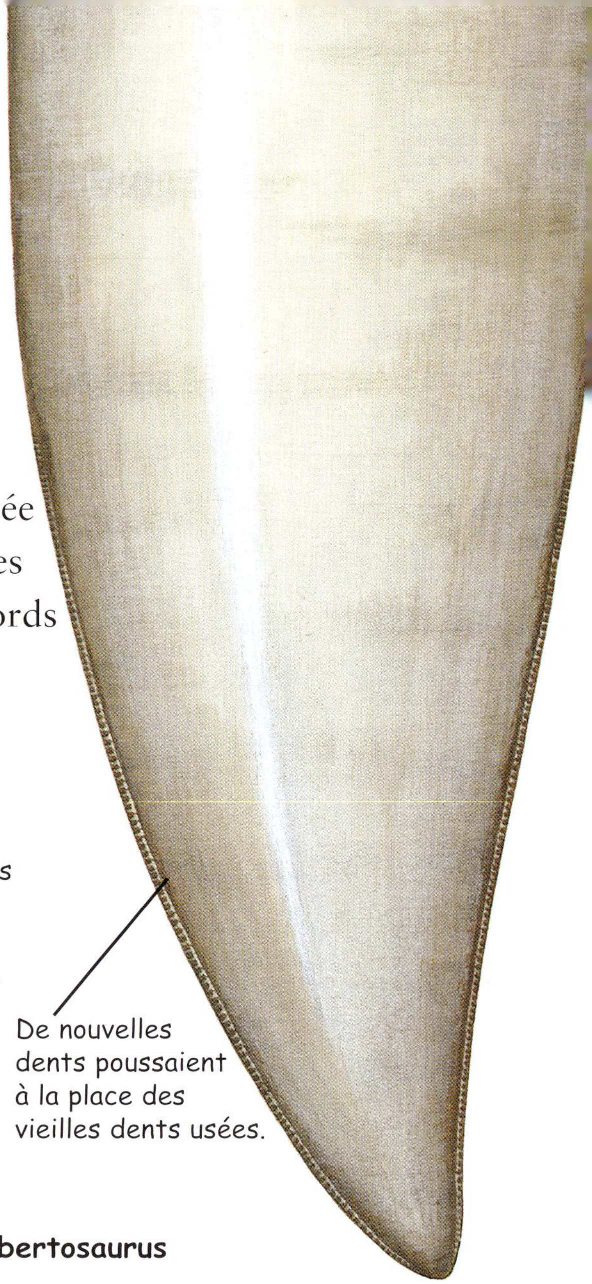

De nouvelles dents poussaient à la place des vieilles dents usées.

Dilophosaurus

Allosaurus

Albertosaurus

Grands carnivores

Munis de dents et de griffes acérées, ces trois féroces prédateurs étaient apparentés à Tyrannosaurus mais n'atteignaient pas la taille de ce géant, dont un spécimen adulte aurait pu regarder à travers la fenêtre d'un immeuble de deux étages.

La chasse

1 Allosaurus s'éveille ; s'aidant de ses petits membres antérieurs, il se redresse lentement sur ses pattes arrière.

2 Il n'a rien mangé depuis quatre jours et il a très faim. Il trouve une vieille carcasse à ronger, mais il ne reste plus assez de viande sur les os pour le rassasier.

3 Quelques heures plus tard, ses yeux perçants détectent un troupeau d'herbivores. Il s'approche lentement, à la recherche d'une victime. Allosaurus saura attendre le bon moment.

4 Un jeune dinosaure imprudent est resté à l'arrière du troupeau. Allosaurus surgit d'un bond de sa cachette et attrape sa victime par la nuque. Ses dents s'enfoncent profondément dans la chair, infligeant une blessure mortelle.

5 Allosaurus arrache de grands morceaux de viande et d'os qu'il avale tout entiers. Quand son ventre est plein à craquer, il va s'étendre, pour un somme de quelques heures.

Attaque groupée

Sauropelta est plus gros qu'un bison et protégé par une cuirasse, mais la bande de Deinonychus attaque tout de même. Les prédateurs, de la taille d'un loup, chargent Sauropelta de tous côtés, essayant d'entamer sa peau avec leurs dents et de taillader son ventre avec leurs grandes griffes. Mais la peau de leur proie est hérissée de tant d'épines, de cornes et d'excroissances osseuses qu'ils l'égratignent à peine. D'un mouvement de sa queue, Sauropelta envoie un assaillant rouler dans la poussière. La féroce bande abandonnera bientôt et se mettra en quête d'un repas plus accessible.

Patte de Deinonychus

Terrible griffe

Sur le second orteil de sa patte postérieure, Deinonychus possédait une énorme griffe qui pivotait vers le haut lorsqu'il courait, et jaillissait comme une lame de couteau pendant l'attaque.

Triceratops

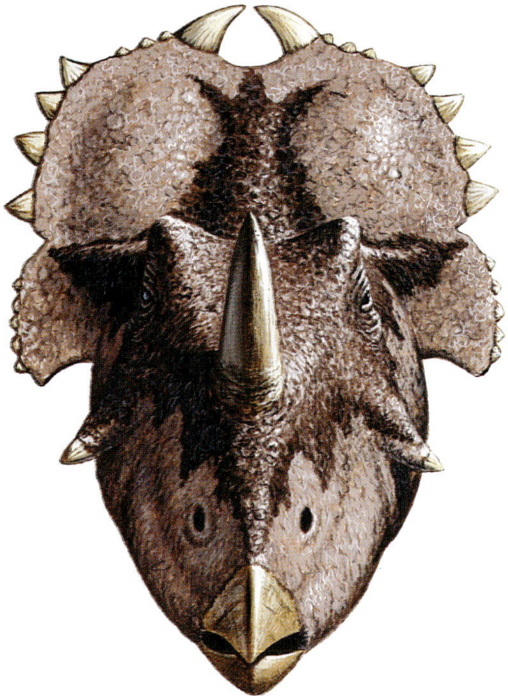

Centrosaurus

Chasmosaurus

Dinosaures cuirassés

Les herbivores avaient différentes manières de se protéger. Certains vivaient en troupeau, l'union faisant la force. Quelques-uns étaient tout simplement trop gros pour être attaqués. D'autres abritaient leur corps sous une cuirasse, et avaient des cornes ou une queue munie d'épines pour combattre.

Les trois dinosaures à cornes ci-dessus possédaient d'énormes collerettes osseuses : tout attaquant essayant de les mordre s'y serait brisé les dents. Ankylosaurus était un vrai tank monté sur quatre pattes, avec une peau épaisse comme du cuir et des épines et protubérances osseuses sur tout le dos et la tête. En cas d'attaque, il s'accroupissait pour se protéger le ventre.

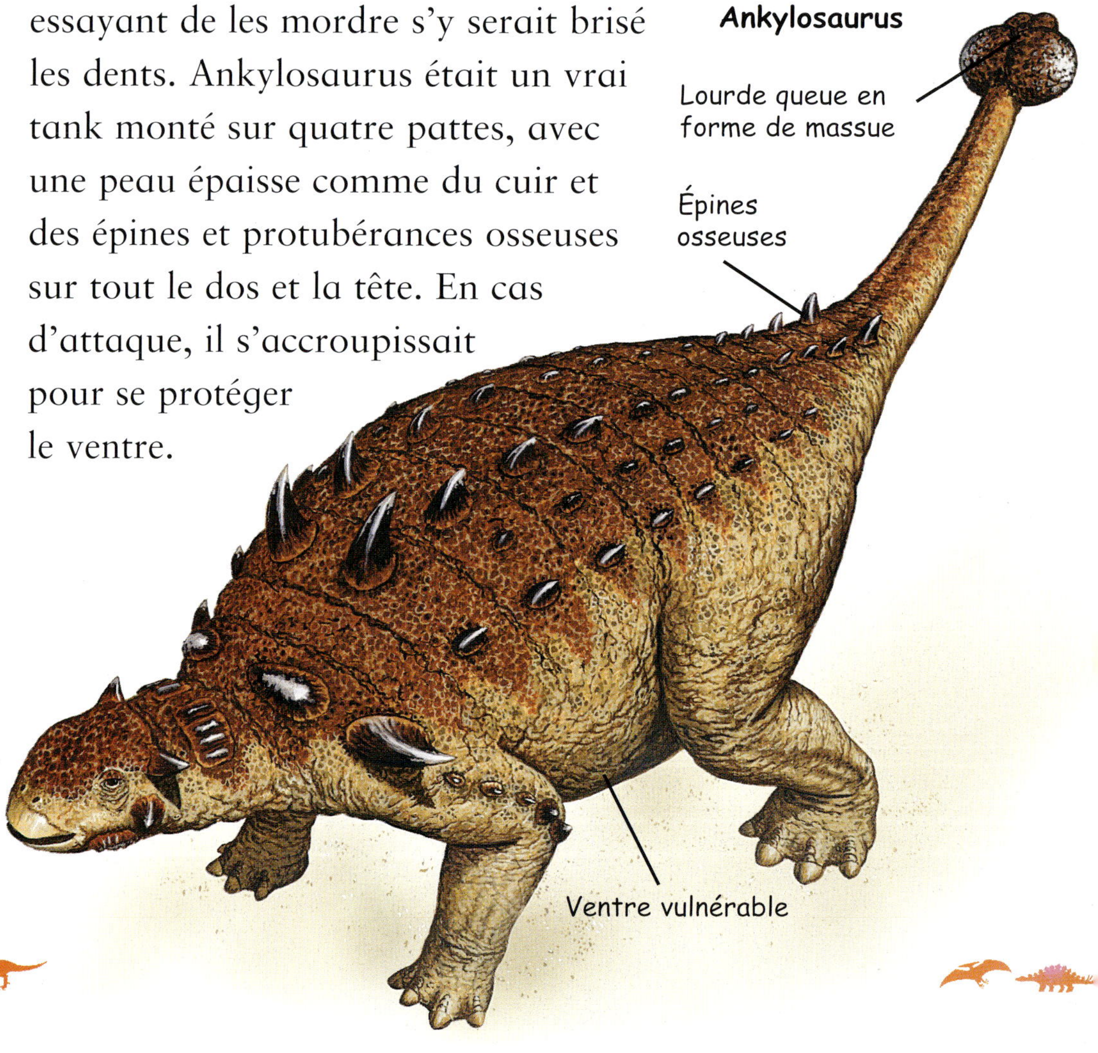

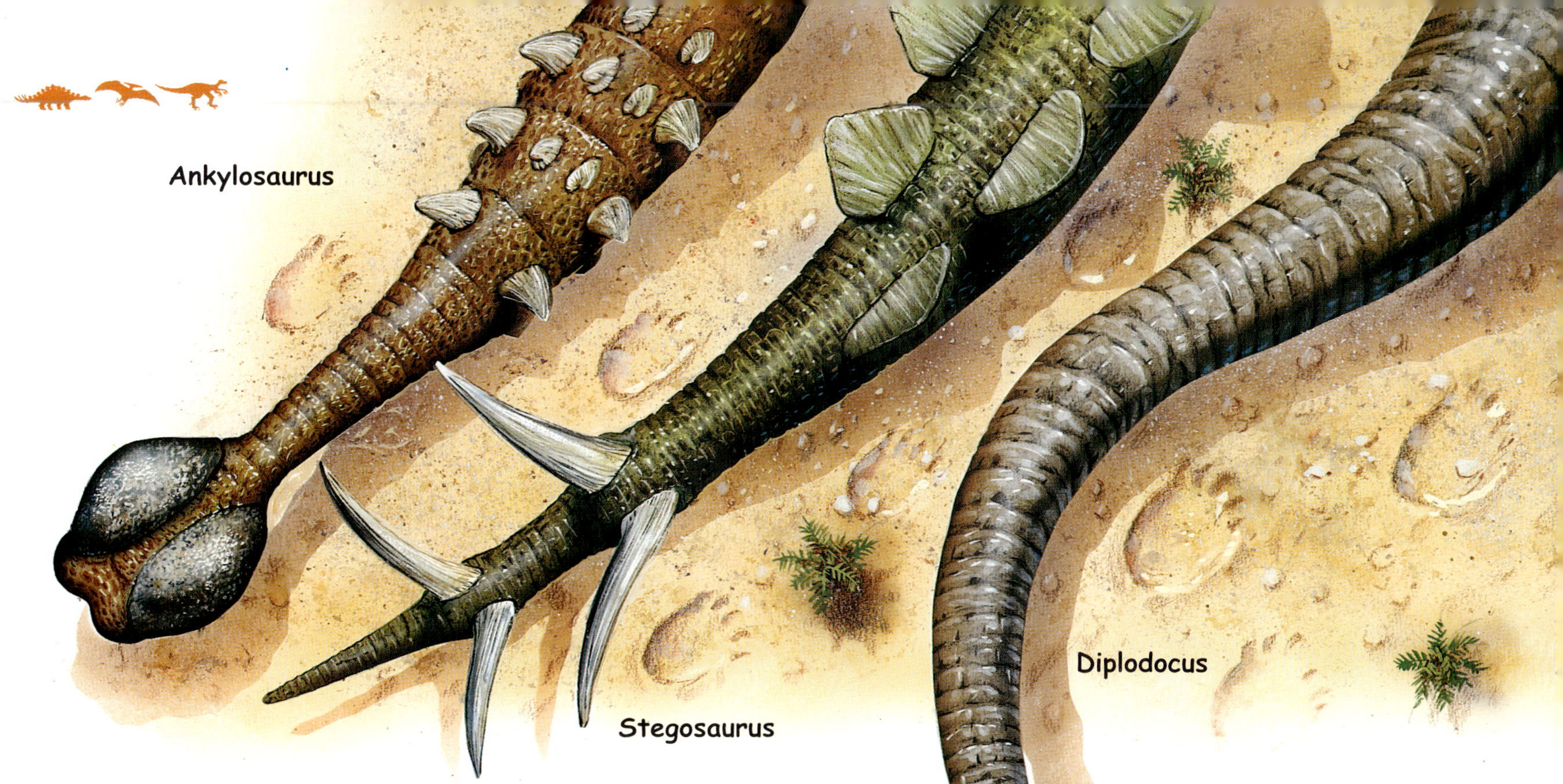

Queue avec massue

Ankylosaurus avait une longue queue terminée par une lourde massue osseuse, d'une largeur allant jusqu'à un mètre. Il pouvait, d'un coup de queue, briser les os de l'assaillant ou même le tuer.

Queue avec épines

Stegosaurus avait une épaisse queue hérissée de quatre larges pointes. Pour se protéger, il tournait le dos à son agresseur et balançait sa queue d'avant en arrière pour assener un coup mortel.

Queue servant de fouet

Diplodocus avait une longue queue, mince et flexible comme un fouet. La force de ses coups cinglants pouvait jeter à terre un attaquant.

Sauve-qui-peut !

La plaine résonne du martèlement d'un troupeau de dinosaures s'enfuyant, telles des autruches, sur leurs longues pattes. Les petits dinosaures, comme ceux-ci, n'avaient ni corne ni queue à utiliser contre un carnivore. Ils n'avaient que leur vitesse. Struthiomimus était aussi rapide qu'un cheval de course et pouvait semer presque tous ses poursuivants.

Camouflage
Le minuscule Compsognathus utilisait sa vitesse pour attraper lézards et grenouilles. Si un plus gros dinosaure le prenait en chasse, il se cachait dans les broussailles et s'immobilisait.

Un pillard rapide

Oviraptor était suffisamment rapide pour attraper les lézards et les petits mammifères. Sa vitesse et son agilité lui servaient également à échapper à ses ennemis.

Plus vite que le vent

Hypsilophodon était l'un des herbivores les plus rapides. Dans sa fuite, il faisait des sauts de côté pour esquiver griffes et dents.

En rangs serrés

Comme d'autres petits herbivores, Lesothosaurus comptait sur le reste du troupeau pour repérer le danger, et sur ses propres pattes pour s'enfuir.

Récit d'une extinction

Après avoir régné sur la terre durant 160 millions d'années, tous les dinosaures ont disparu. Pourquoi ? L'hypothèse la plus probable est qu'une météorite, entrant en collision avec la Terre, a explosé avec la puissance d'un millier de volcans. Elle a projeté un nuage de poussière si épais que les rayons du soleil ne parvenaient plus jusqu'à la Terre, qui s'est refroidie, entraînant la mort d'animaux, dont les dinosaures.

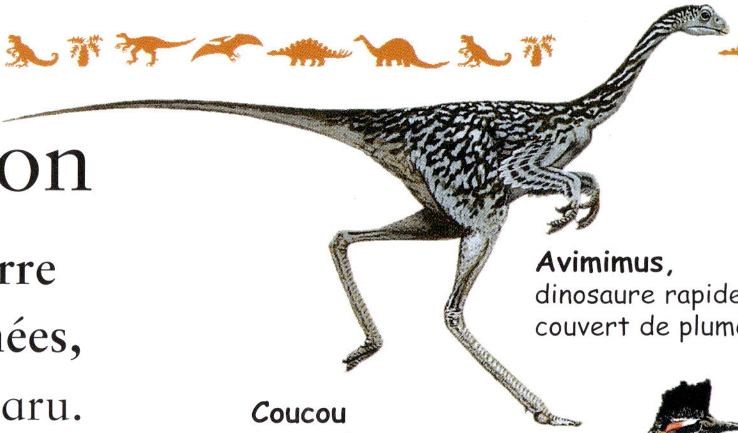

Avimimus, dinosaure rapide, couvert de plumes

Coucou terrestre : descendant d'Avimimus ?

Les survivants des dinosaures

Les scientifiques pensent que certains dinosaures sont les ancêtres des oiseaux actuels.

1 Une météorite de 10 km de diamètre a percuté la Terre en Amérique centrale à la vitesse de 100 000 km/h.

2 Elle a creusé un cratère de près de 200 km de large et projeté dans le ciel un nuage massif de poussière.

3 La poussière a fait écran aux rayons solaires. L'atmosphère s'est refroidie, des plantes, des animaux sont morts.

La fossilisation

▲1 Il y a des millions d'années, un dinosaure meurt. Il est enseveli sous du sable ou de la boue.

▲2 La peau et la chair se décomposent rapidement, mais pas les os. Ils se fossilisent lentement et le sable et la boue qui les entourent les pétrifient.

▲3 Le vent et la pluie érodent la roche contenant les fossiles, les faisant réapparaître à la surface.

Gisements d'ossements

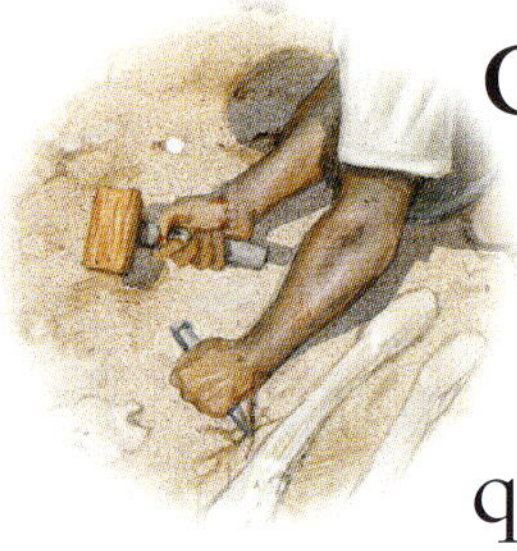

Ce que nous savons des animaux qui ont vécu il y a des millions d'années ne provient que des indices qu'ils ont laissés derrière eux, comme les fossiles de leurs os et de leurs dents. Quand des fossiles d'ossements sont découverts, des chercheurs appelés paléontologues doivent déblayer la roche qui les entoure. Puis ils prennent des mesures et des photographies. Ils dégagent ensuite les fossiles du sol et les enveloppent dans une coque de bandes plâtrées qui les protègent pendant le transport au musée.

Un vrai puzzle

1 Les fossiles parvenus au musée seront extraits de leur gangue de plâtre à l'aide de scies, de marteaux et de burins.

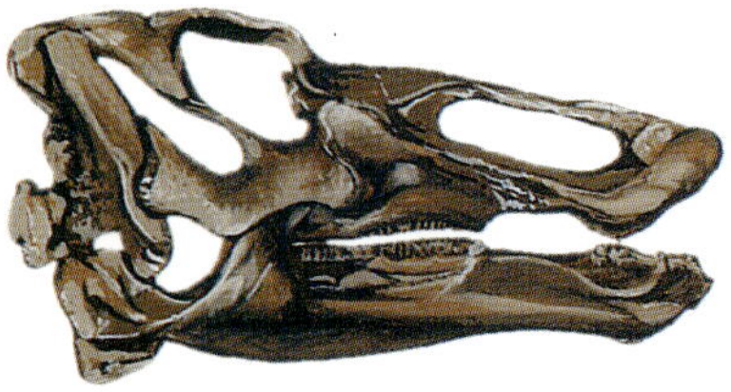

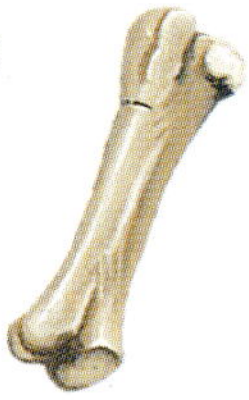

Os

Peau

Œuf et embryon

Excrément

Empreintes de pas

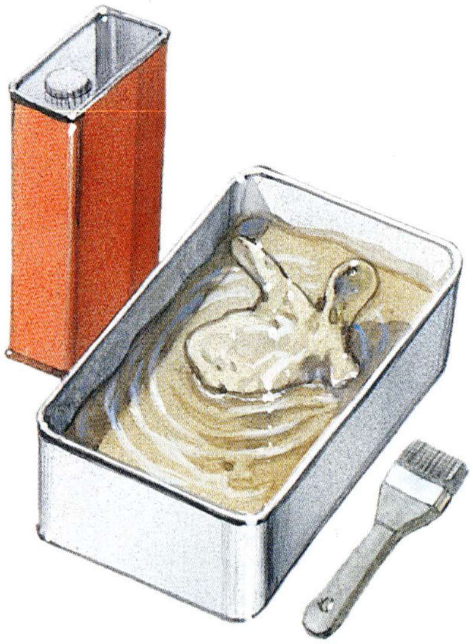

2 Si le fossile a été conservé dans une roche calcaire, on pourra le faire tremper dans du vinaigre dilué pour faciliter le nettoyage.

Fossiles variés

Les fossiles ne sont pas uniquement des ossements ; le plus souvent ce sont des empreintes de pied. Leur dimension et leur écartement nous renseignent sur la taille et la vitesse de leur propriétaire. Nous avons aussi des fossiles d'œufs, des empreintes de peau écailleuse et même des fossiles d'excrément de dinosaure !

3 Roulettes de dentiste et aiguilles sont utilisés pour débarrasser à la loupe chaque os des dernières traces de roche. Un dinosaure ayant plus de 300 os, ce travail délicat peut demander plusieurs mois.

4 Les fossiles sont très anciens et peuvent facilement s'effriter. Ils sont donc badigeonnés avec des produits chimiques, principalement des colles, pour empêcher leur désagrégation et les protéger de la poussière et des impuretés.

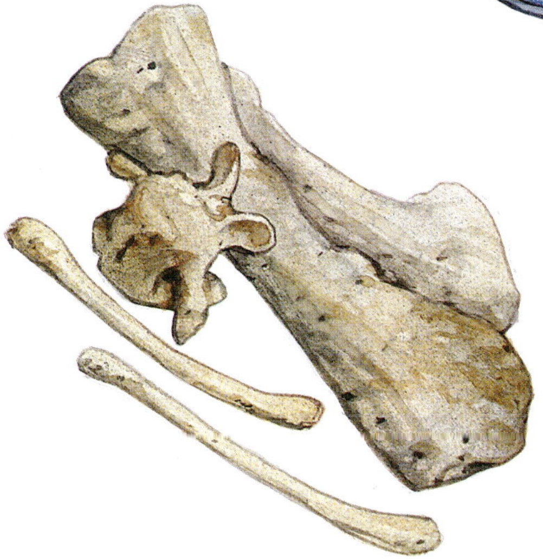

5 Les os sont comparés avec d'autres spécimens pour établir leur appartenance à une nouvelle espèce de dinosaures ou à un groupe déjà connu.

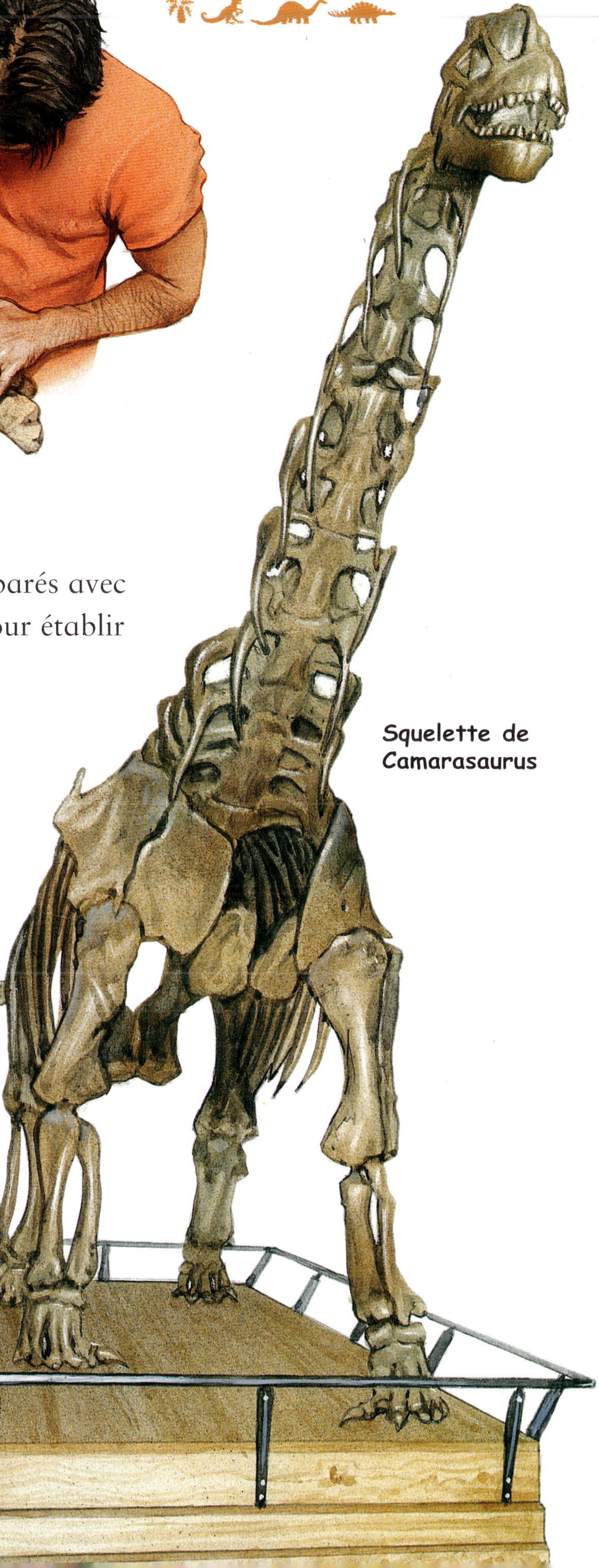

Squelette de Camarasaurus

6 Des tiges d'acier ou des fils métalliques sont utilisés pour maintenir en place les os lourds. Des éléments en plastique sont fabriqués pour remplacer les os manquants. Une fois le squelette reconstitué, les scientifiques étudient comment les muscles se rattachaient aux os, comment la peau recouvrait les muscles et à quoi ressemblait le dinosaure lorsqu'il était vivant.

Glossaire

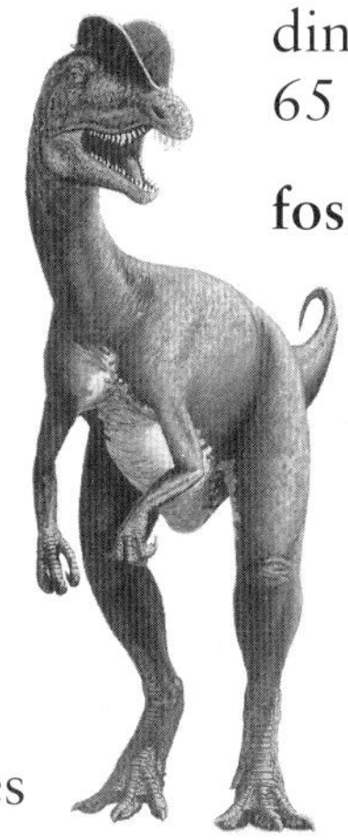

armure Épaisse couche d'os située sous la peau de certains dinosaures, sous forme de larges plaques ou de petites bosses. Cela protégeait leur peau des morsures des prédateurs.

carnivore Animal qui se nourrit de la chair d'autres animaux en les tuant ou en se repaissant de cadavres.

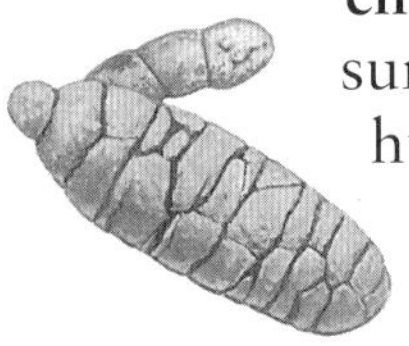

climat Temps habituel sur une année : chaud et humide dans la jungle, sec dans le désert.

colonie Groupe d'animaux vivant ensemble pour pondre leurs œufs et élever leurs petits. Il est plus difficile pour un prédateur d'attaquer une colonie qu'une mère et son petit isolés.

crétacé (le) Troisième et dernière période de l'âge des dinosaures qui commença il y a 145 millions d'années et prit fin il y a 65 millions d'années. Après cette période, tous les dinosaures s'éteignirent.

dinosaure Ce nom est issu de deux racines grecques signifiant « lézard terrible » et désigne les grands reptiles vivants aux périodes du trias, du jurassique et du crétacé.

extinction Disparition d'une espèce. Les derniers dinosaures ont disparu il y a 65 millions d'années.

fossile Restes de plantes ou d'animaux conservés dans la roche. Tout ce que nous savons des dinosaures provient de l'étude de leurs fossiles.

hadrosaure Dinosaure herbivore possédant un museau en forme de bec de canard et se déplaçant sur ses deux pattes postérieures.

herbivore Animal qui se nourrit de plantes, et non d'autres animaux. La plupart des dinosaures étaient herbivores, comme le sont beaucoup d'animaux aujourd'hui.

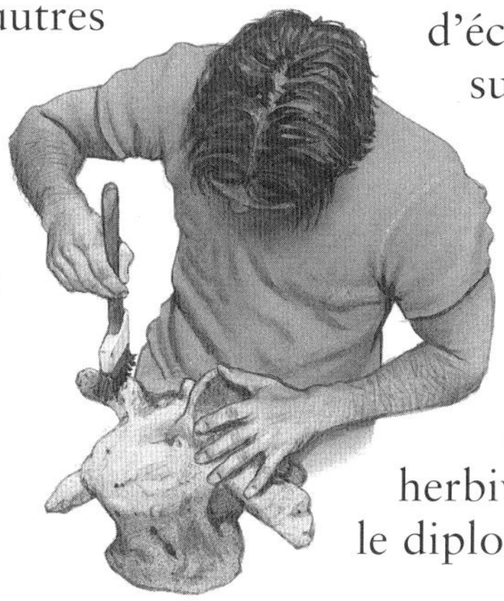

jurassique Seconde période de l'âge des dinosaures qui commença il y a 205 millions d'années et s'acheva il y a 145 millions d'années.

météorite Morceau de roche qui se déplace dans l'espace et s'écrase sur la Terre ou sur un astre. Certaines sont si petites qu'il est difficile de les repérer. Les plus grosses provoquent d'énormes explosions.

paléontologue Scientifique qui étudie les plantes et les animaux des temps géologiques, principalement à partir de fossiles datant de

millions d'années. Le travail des paléontoloques consiste à reconstituer les squelettes, à comparer les différentes espèces, à reconstituer les milieux et à dater les couches terrestres.

prédateur Animal qui chasse d'autres animaux.

proie Animal qui se fait chasser par un autre animal.

reptile Animal tétrapode, à sang froid et au corps recouvert d'écailles, qui pond ses œufs sur la terre ferme. Les dinosaures étaient des reptiles, comme le sont les lézards, les serpents, les crocodiles et les tortues.

sauropode Dinosaure herbivore à long cou, comme le diplodocus.

squelette Structure osseuse qui soutient le corps des vertébrés.

trias Première période de l'âge des dinosaures, qui commença il y a 250 millions d'années et s'acheva il y a 205 millions d'années.

troupeau Grand groupe d'animaux. Beaucoup de dinosaures vivaient en troupeaux pour se protéger des prédateurs : les oreilles et les yeux des membres du troupeau permettaient de détecter les prédateurs !

Index